Henri Delaborde

Le salon de 1853

Critique

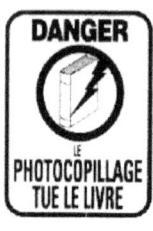 Le code de la propriété intellectuelle du 1er juillet 1992 interdit en effet expressément la photocopie à usage collectif sans autorisation des ayants droit. Or, cette pratique s'est généralisée dans les établissements d'enseignement supérieur, provoquant une baisse brutale des achats de livres et de revues, au point que la possibilité même pour les auteurs de créer des œuvres nouvelles et de les faire éditer correctement est aujourd'hui menacée. En application de la loi du 11 mars 1957, il est interdit de reproduire intégralement ou partiellement le présent ouvrage, sur quelque support que ce soit, sans autorisation de l'Éditeur ou du Centre Français d'Exploitation du Droit de Copie , 20, rue Grands Augustins, 75006 Paris.

ISBN : 978-1985354876

10 9 8 7 6 5 4 3 2 1

Henri Delaborde

Le salon de 1853

Critique

Table de Matières

INTRODUCTION 6

I - PEINTRE D'HISTOIRE. 8

II – PEINTURE RÉALISTE ET SUJETS DE FANTAISIE. 17

III – PEINTURE DE PORTRAIT ET DE PAYSAGE. 28

IV – SCULPTURE, GRAVURE ET ARCHITECTURE. 34

INTRODUCTION

Un des caractères de l'art français est la mobilité de sa physionomie. Lorsqu'on étudie l'histoire des phases qu'il a traversées, on ne peut y suivre, comme dans l'histoire des écoles étrangères, le développement continu de principes une fois adoptés. À peine a-t-on applaudi en France aux innovations, qu'on essaie déjà de réagir contre la méthode des novateurs, tandis qu'en Italie, dans les Pays-Bas, en Allemagne et en Espagne, chacune des réformes introduites par les maîtres demeure, pour les générations qui surviennent, un progrès qu'elles s'efforcent de compléter. La foi s'use vite dans notre pays ; le beau auquel nous avions cru à un moment donné nous laisse presque aussitôt indifférents, sinon incrédules, et la vérité telle que nous la comprenions hier court grand risque de devenir à peu près le taux aujourd'hui. De là le défaut d'unité dans l'ensemble des œuvres, l'instabilité des réputations et le caractère contradictoire des talents de notre école.

Ces oscillations continuelles du goût, cette succession de travaux qui se démentent les uns les autres, sont l'histoire même de la peinture française à toutes les époques ; mais l'époque actuelle a cela de particulier, qu'elle accepte simultanément les essais en sens opposés, les systèmes qui ne se seraient produits autrefois qu'à tour de rôle et suivant les revirements divers de l'opinion. Le temps n'est plus où certains principes venant à perdre leur empire, on pratiquait avec un zèle unanime une esthétique nouvelle, où l'on n'osait renier que ses devanciers, quitte à subir leur sort quelques années plus tard. Depuis le commencement du siècle, bien des changements se sont opérés dans notre école de peinture ; chacune de ses transformations trouvait du moins sa raison d'être dans les abus d'une méthode qui avait eu le temps de vieillir, et la réaction, qu'elle fût académique ou romantique, s'accomplissait à son heure et avec le concours de tous. Aujourd'hui il n'y a plus, à vrai dire, de mouvement général de l'art ; il n'y a que des doctrines ou des fantaisies individuelles, des tentatives qui se heurtent, des talents ouvertement ennemis et qui s'insultent en quelque sorte : en un mot, l'anarchie la plus complète règne, sous couleur de liberté, dans notre école, en attendant que le despotisme d'un Lebrun ou d'un David vienne la rejeter violemment dans l'excès de la soumission. Peut-être est-il permis de pressentir dès à présent ce retour à un régime dont nous nous croyions bien affranchis. Il serait possible que dans un avenir prochain le conflit de tant de prétentions rivales nous inspirât par lassitude la passion de la règle et de l'uniformité. En tout cas, le spectacle que présente le salon de 1853 ne laissera dans l'esprit de personne aucun doute sur les développements regrettables de la volonté individuelle, et, — ce qui est plus triste encore, — sur les tendances matérialistes de la peinture contemporaine.

De pareilles tendances sont nouvelles dans notre école, et l'on doit, en s'autorisant du passé, espérer qu'elles ne s'y perpétueront pas, parce qu'elles sont radicalement contraires au génie de l'art national. Qu'on examine les œuvres des peintres antérieurs à l'époque actuelle, ne reconnaîtra-t-on pas qu'en dépit de la diversité des formes, les inclinations sont au fond les mêmes, et que ces œuvres dérivent toutes d'un principe éminemment spiritualité ? Tout en procédant par voie de négations successives quant à la manière, les artistes français se reliaient entre eux jusqu'ici par la communauté des intentions morales, et certaines conditions à la fois instinctives et traditionnelles étaient acceptées comme des lois immuables par les maîtres et par le public. Depuis Jean Cousin jusqu'à Prud'hon, depuis Watteau jusqu'à Granet, tous, selon la mesure de leurs forces et le genre de leur talent, se proposaient avant tout de traduire, avec le pinceau, soit une pensée profonde, soit une idée ingénieuse. L'esprit, sinon la poésie, était l'élément principal de leurs travaux, et les tableaux produits pendant plus de trois siècles attestent, sauf les variations du goût et la dissemblance des moyens employés, ce caractère essentiel de la peinture dans notre pays. Jamais, avant le temps où nous sommes, on n'aurait consenti à montrer ou à voir dans une œuvre d'art la vérité sans idéal ; jamais on ne se serait avisé de substituer à cette « haute délectation de l'intelligence, » dont parle Poussin - je ne sais quelle sensation superficielle et fugitive résultant de l'imitation brute de la réalité ou des artifices de la brosse. Un si mince plaisir nous suffit aujourd'hui, et lorsqu'un tableau, quel qu'il soit, a éveillé en nous cette sensation, nous faisons bon marché du reste. La signification morale du sujet, la justesse de la pantomime et de l'expression, la précision du dessin et du style nous touchent maintenant assez peu. Le relief des objets représentés, l'éclat ou la multiplicité des tons, l'audace ou les stratagèmes de l'exécution, voilà ce qui séduit la plupart d'entre nous, ou plutôt voilà ce que nous feignons d'aimer, contrairement à nos habitudes passées, à nos préférences secrètes, aux instincts qui nous dirigeraient encore, si nous avions le courage ou le bon goût de ne pas les refouler.

Rien de plus douteux en effet que la sincérité de notre conversion, et peut-être la mode a-t-elle une part principale dans l'enthousiasme qui nous a saisis ; peut-être aussi cette langue, tirée du vocabulaire des ateliers, que les théoriciens de « l'art pour l'art » ont transportée dans la critique, est-elle en somme la seule conquête qui ait été faite. La plupart d'entre nous connaissaient mieux les conditions et le but véritables de la peinture, quand ils prétendaient moins à la science, et les erreurs sont devenues plus graves parce qu'elles n'ont même plus la naïveté du sentiment pour excuse. Tout cet étalage de doctrines agressives, de théories creuses et de néologismes oiseux ne saurait ébranler la conviction des hommes qui respectent profondément l'art et les chefs-d'œuvre, ils laissent dire, tout en appréciant à leur juste valeur les prétendus progrès et les innovations encouragées par les éloges de gens qui prennent volontiers le jargon des écoles pour la définition des principes ; mais en se taisant ainsi, ils font acte de timidité plus encore que de réserve. Ils ont l'air d'accepter la défaite de leur parti, la ruine de leurs croyances les plus chères. On dirait qu'eux aussi ils répudient le noble passé de la peinture française, ses traditions, son génie même. Et quand, s'enhardissant de ce silence qui devient presque une lâcheté, les apôtres de l'art matérialiste crient hautement victoire, quand on voit, comme au salon de cette année, l'hérésie s'étendre, l'admiration se porter de plus en plus sur des objets indignes ou secondaires, il est impossible de demeurer, même en apparence, complice de pareils écarts ; on s'irrite, il faut parler, ne fût-ce que pour protester au nom de la gloire des maîtres contre la notoriété de ceux qui usurpent leur place, au nom des principes élémentaires de l'art contre les envahissements du métier.

I - PEINTRE D'HISTOIRE.

Le moyen le plus efficace de ramener le public, les artistes et la critique à des opinions plus saines serait sans doute un exemple donné par les maîtres eux-mêmes. La comparaison qui s'établirait de soi entre leurs œuvres et celles qui les avoisineraient au salon ferait aisément justice des exagérations et des erreurs. Malheureusement les peintres les plus éminents de l'école actuelle ont pris l'habitude de se tenir à l'écart et de laisser le champ libre à des disciples que le plus souvent ils désavouent. À peine quelques-uns de leurs lieutenants entrent-ils en lice, quitte à se retirer aussi après peu d'années de combats. Le nom illustre de M. Ingres, celui de M. Delaroche ont cessé de figurer dans les livrets des salons depuis près de vingt ans. M. Decamps, M. Scheffer, n'ont, durant cette période, exposé leurs ouvrages qu'à de rares intervalles. Ces abstentions systématiques sont un fait regrettable, et ne serait-il pas plus heureux pour tout le monde que des artistes de cette valeur donnassent au public, en retour de la réputation qu'il leur a faite, une marque de déférence et de souvenir, aux jeunes talents ou aux talents qui s'égarent un encouragement ou une leçon ? Que résulte-t-il de ces témoignages persévérants de dédain pour les expositions annuelles, et de cet exil volontaire de quelques chefs de l'école contemporaine ? C'est que des artistes qui pourraient avoir aussi leur part d'autorité s'arrogent les mêmes droits, et à leur tour refusent la lutte. Au salon qui vient de s'ouvrir, outre l'absence des peintres dont nous avons rappelé les noms, on remarque, sans la sentir aussi vivement il est vrai, celle des hommes qui à tort ou à raison ont acquis dans les arts une haute position hiérarchique. Sauf MM. Heim et Robert Fleury, il n'est pas un seul des quatorze membres de la section de peinture à l'Institut qui ait consenti à nous donner la mesure de son habileté actuelle. L'exposition, au lieu d'être comme autrefois un grand concours entre les talents éprouvés ou déjà mûrs pour le succès, n'est plus ainsi qu'une sorte de gymnase où viennent s'exercer des artistes fort près encore de leurs débuts, et le public, n'ayant le plus souvent sous les yeux que des œuvres d'un ordre, secondaire, s'habitue à prendre pour le dernier mot de l'art contemporain ce qui n'en est que le spécimen incomplet. L'administration des Beaux-Arts, il faut le dire, s'efforce, avec un zèle, vraiment éclairé, de restituer aux expositions annuelles leur ancien éclat et leur légitime importance. Les réformes introduites dans les conditions d'admission, les moyens employés pour déterminer la juste

I - PEINTRE D'HISTOIRE.

sévérité du jury, le mode de placement des tableaux et la lumière égale qui leur est accordée, à tous sont, à quelques détails près, des améliorations sérieuses et dont on doit lui savoir gré ; mais elle ne peut, en somme, prétendre régénérer l'art par sa seule influence. C'est aux maîtres surtout qu'il appartiendrait de diriger le mouvement de la peinture en opposant l'autorité de leurs exemples à l'invasion d'un art sans portée et sans fond.

De tous les artistes placés depuis longtemps au premier rang, M. Delacroix est le seul qui ne dédaigne pas de mêler ses œuvres aux essais de la jeune école, il y a lieu de le remercier de cette persévérance à accepter une publicité qui n'est plus nécessaire à sa réputation ; mais les trois tableaux qu'il a exposés cette année peuvent-ils avoir cette autorité magistrale dont nous parlions tout à l'heure ? Serait-il juste, par exemple, de ne voir en M. Delacroix que le peintre des *Pèlerins d'Emmaüs*, et le tableau qu'il a intitulé ainsi n'accuse-t-il pas avant tout les imperfections de sa manière ? Sans doute, on aurait mauvaise grâce à exiger de M. Delacroix une transformation impossible : il aurait grand tort de ne plus mettre en œuvre ses belles qualités de coloriste pour rechercher des qualités d'un autre ordre qui échapperaient probablement à sa poursuite ; mais serait-ce se montrer trop exigeant que de lui demander mieux que ce qu'il nous donne ici ? Sont-ce des disciples pénétrés d'un respect religieux à la vue de leur maître, ou des convives en appétit, que ces deux hommes attablés, la serviette sur les genoux, le verre fort près de la main, comme ces joyeux compères que Jordaens aimait à peindre ? Cette figure aux traits et à l'attitude vulgaires peut-elle passer pour le Christ se révélant aux yeux de ses compagnons et trahissant tout à coup son essence divine ? Que dire enfin des accessoires de la scène, de l'ajustement et du costume moderne des personnages, de cet escalier à balustres de bois, comme on en voit dans les vieilles maisons des deux derniers siècles ? On sait, de reste, que les grands maîtres, et Rembrandt entre autres ; ne se faisaient nul scrupule de multiplier ainsi les anachronismes, lorsqu'ils traitaient des sujets sacrés ; mais les peintres de notre, époque ne doivent pas s'autoriser de pareils précédents et tomber sciemment dans des erreurs qui ne paraissent excusables chez les anciens peintres que parce qu'elles sont ingénues. Le mérite d'exécution qui distingue certaines parties du tableau des *Pèlerins d'Em-*

maüs ne rachète pas le goût qui l'a inspiré. C'est peu pour un artiste comme M. Delacroix de colorier savamment un fond, de disposer habilement l'effet de quelques tons : c'est une faute grave, que de sanctionner par son exemple les tentatives de l'art matérialiste, et de rabaisser la grandeur d'une scène des Evangiles au niveau d'une scène d'hôtellerie flamande.

Qui sait d'ailleurs si M. Delacroix est en ceci le vrai coupable, et si le zèle inconsidéré de ses admirateurs ne l'a pas amené à traiter dans ce style la composition des *Pèlerins d'Emmaüs* ? On a tant répété que tout attestait chez lui l'infaillibilité du goût, on a tant applaudi même aux erreurs de ce grand talent, qu'on a pu lui faire perdre en partie la conscience de ses défauts. En général, le malheur de M. Delacroix est beaucoup moins d'avoir ou des adversaires injustes que de compromettants sectaires ; on l'a loué et on le loue encore à faux. Qu'on le proclame un coloriste de premier ordre, le plus habile même qu'ait produit l'école française, il n'y a qu'à souscrire à ce jugement ; qu'on signale hautement dans ses œuvres le geste passionné des figures et cette mélancolie singulière, cette poésie lugubre qui s'exhalent des toiles qu'il a signées, — rien de mieux ; mais nous donner pour des signes de puissance ce qui trahit les défaillances accidentelles du goût, c'est dépasser la mesure exacte, des éloges, ce n'est pas appeler la lumière sur les côtés vraiment louables d'un talent qu'on honorerait mieux en acceptant franchement comme telles ses inégalités et ses erreurs. Ainsi est-il à propos d'admettre, avec certains admirateurs de M. Delacroix, qu'aucun peintre ne possède aussi bien que lui la science du mouvement ? Rien ne serait plus légitime sans doute qu'une certaine exagération de dessin, pourvu qu'elle fût conforme au principe même de la nature et qu'elle servit à mettre ce principe en relief ; mais M. Delacroix n'exagère pas toujours la réalité, il la transforme ; il déplace ou brise les os et chiffonne les muscles comme les draperies. Les deux scènes de mouvement placées à côté des *Pèlerins d'Emmaüs*, et qui représentent, l'une *des Pirates africains enlevant une jeune femme*, l'autre *des Disciples et des saintes femmes relevant le corps de saint Etienne*, fournissent des preuves suffisantes à l'appui de cette assertion. Pour justifier M. Delacroix et les peintres qui à son exemple négligent de préciser la construction des figures supposées en mouvement, dira-t-on qu'ils procèdent en cela comme la nature, et que les formes d'un homme qui s'agite, d'un cheval lancé au galop, ne sont pas distinctement appréciables à l'œil ? Il faudrait alors qu'un tableau exécuté en vertu de ce principe fût seulement entrevu, que le spectacle eût la durée d'un éclair. Puis, où s'arrêter dans cette voie d'imitation confuse et de négation du dessin ? Un peintre qui adopterait un pareil système devrait, pour être logique jusqu'au bout, anéantir absolument dans son ouvrage les contours et le modelé, afin de mieux indiquer la caractère mobile de l'effet : on pourrait le comparer à un écrivain qui, au lieu de traduire sa pensée par des mots, se contenterait de placer des accents sur des lettres absentes. Nous voudrions donc qu'on louât les tableaux de M. Delacroix à titre d'œuvres fort remarquables sous le rapport du coloris, de l'harmonie et de l'imagination, qu'ainsi on vantai dans les *Pirates* la splendeur des tons du paysage, dans le *Saint Etienne* l'invention dramatique de la scène, et surtout l'effet sinistre des murailles et du ciel qui servent de fond ; mais nous voudrions aussi qu'on ne prit pas l'agitation des lignes pour l'expression exacte du mouvement, et certains vices de construction pour des témoignages de verve. Un pareil talent a assez de droits au respect : il peut se passer des admirations aveugles et des flatteries.

Le tableau peint par M. Hébert appartient, comme le tableau des *Pèlerins d'Emmaüs*, à l'histoire du Christ, et, sous ce rapport, mais sous celui-là seulement, il peut être rapproché de l'œuvre de M. Delacroix. M. Hébert, dans son *Baiser de Judas*, n'a cherché à impressionner ni par la fougue de l'exécution, ni par l'énergie des mouvements, et quelle que fût, à certains égards, la violence inhérente à l'esprit d'un tel sujet, il l'a envisagé seulement au point de vue de l'émotion intime. Ce nouveau tableau de l'auteur de *la Mal'aria* confirme les espérances que l'on avait pu concevoir il y a deux ans, sans révéler encore un progrès significatif dans la manière du peintre. Même goût un peu incertain, même méthode d'exécution discrète jusqu'à la timidité, et en quelque sorte négative. Dessin, coloris, effet, tout se trouve dans *le Baiser de Judas*, mais à l'état d'intention ; tout dénonce les scrupules d'une conscience soigneusement interrogée, rien n'accuse un esprit tout à fait convaincu, une volonté tout à fait personnelle ; rien n'est affirmé, pour ainsi dire. Il semble que M. Hébert, un peu embarrassé de son premier succès, ait craint d'en compromettre les conséquences, et qu'il ait prétendu à un surcroît d'estime plutôt qu'à un surcroît de renommée. Peut-être ce style tempéré et de *mezzo carattere*, comme disent les Italiens à propos d'un autre art, peut-être cette modération dans le faire, qui séduisaient la foule et la retenaient devant *la Mal'aria*, ne suffisent-ils pas, en effet, pour assurer au *Baiser de Judas* une popularité fort grande. En tout cas, une œuvre si sérieusement conçue et exécutée appelle l'attention de quiconque honore les efforts patients et le talent conseillé par l'étude.

La scène que M. Hébert a entrepris de représenter est d'ailleurs bien faite pour effrayer la pensée et la main d'un peintre. Sans parler des conditions particulières de l'effet, du peu de ressources qu'il offre au point de vue de la couleur, il est permis de dire que l'expression à donner à toute la figure du Christ est un des problèmes les plus difficiles que l'art puisse se proposer. Ce problème, bien des maîtres de toutes les écoles ont essayé de le résoudre ; mais la plupart d'entre eux n'ont su ou voulu montrer dans cette expression, nécessairement complexe, que ce qui impliquait l'idée de la résignation. Giotto seul, en peignant un admirable petit tableau placé aujourd'hui dans l'église de San-Miniato, près de Florence, a supérieurement indiqué ce mélange de pureté angélique et de mépris, de calme sans indifférence et d'indignation sans surprise, que nous nous figurons sur le visage de l'Homme-Dieu recevant le hideux baiser. Certes on ne saurait comparer le Christ de M. Hébert à ce Christ de Giotto figure de génie moins parfaitement belle peut-être que n'a dû être la figure peinte par Léonard dans la *Cène*, mais aussi hautement significative ; il faut reconnaître toutefois que le peintre français a rendu avec une singulière intelligence une partie des sentiments qu'il s'agissait de traduire, et que, s'il ne s'est pas élevé jusqu'à la puissance pathétique, il a très bien compris le sens moral et la noble mélancolie de son sujet. Dans la composition de M. Hébert, le Christ tourne vers Judas des yeux plutôt tristes qu'irrités, et une sorte d'affliction sereine se peint sur son visage, sur ses lèvres, qui ne s'ouvrent ni pour la plainte, ni pour le reproche. Le moment n'est pas venu encore où il dira : « Judas, trahis-tu ainsi le fils de l'homme par un baiser ? » Son bras, déjà saisi par la main criminelle du disciple, subit immobile cette première et outrageante étreinte ; il attend les liens qui vont le charger, tandis que les hommes dont Judas s'est fait suivre, pressés et comme en arrêt autour de leur proie, l'examinent à la lueur d'une lanterne que porte l'un d'entre eux. La figure du Christ se détache ainsi nettement du groupe qui l'environne, et grâce à cette disposition de la lumière, elle a dans l'aspect général du tableau l'importance et l'éclat nécessaires. Néanmoins n'eût-il pas été mieux d'élever un peu le foyer lumineux, et de le placer à hauteur de la tête du Christ, au lieu de le placer au niveau de sa poitrine ? M. Hébert a peut-être été séduit en ceci par le piquant d'un effet qui serait de mise dans un tableau de genre, mais que comporte assez peu un si grave sujet, et il s'est laissé aller à oublier que le visage du Christ, siège principal de l'expression et centre de la scène, devait tout d'abord attirer les regards. Pourquoi ne s'est-il pas rappelé non plus une autre loi pittoresque que les peintres anciens ont toujours observée ? pourquoi a-t-il donné au vêtement du Christ sur terre la couleur blanche qui n'appartient qu'au vêtement du Christ transfiguré ? Si le ton rouge de la robe avait dû contrarier l'effet choisi par M. Hébert, c'était son droit de modifier ce ton au point d'en indiquer seulement l'espèce ; mais il fallait à tout prix respecter une tradition qui a, comme toutes les traditions de ce genre, son sens symbolique et sa raison d'être. Malgré ces imperfections de détail et d'autres encore qu'il serait facile de relever, *le Baiser de Judas* a des titres fort sérieux à l'estime. Ce n'est pas une œuvre de maître, tant s'en faut, mais il s'en faut de beaucoup aussi que ce suit une œuvre sans portée. Elle a d'ailleurs une supériorité incontestable sur tous les tableaux religieux qui figurent au salon de cette année.

Parmi les autres toiles représentant des scènes tirées de l'Évangile ou de l'histoire des premiers chrétiens, quelques-unes se recommandent par la convenance des intentions et du style, à défaut de puissance et d'originalité. Telles sont : la *Mort de la Sainte Vierge*, par M. Lazerges, composition sage, *ragionevole*, comme dit Vasari de certains ouvrages sans qualités et sans défauts considérables ; la *Conversion de Marie Madeleine*, que M. Job a ingénieusement exprimée ; les deux tableaux où MM. Dumas et Maison nous montrent, avec un goût d'exécution sévère, mais au fond un peu académique, l'un la *Séparation de saint Pierre et de saint Paul*, l'autre *le Pape saint Sixte II et saint Laurent surpris dans les catacombes de Rome* ; enfin *l'Annonciation*, par M. Jalabert, sujet difficile, mille fois traité, et que le peintre a su rajeunir en donnant à la figure de la Vierge un mouvement qui ne manque ni de grâce pudique, ni de distinction. À l'apparition de l'envoyé céleste qui, soit dit en passant, est d'un type assez faiblement conçu, la Vierge tressaille et se réfugie en quelque sorte dans l'angle formé par le mur et le prie-dieu sur lequel elle est agenouillée. La figure est vue de dos ; le geste de son bras gauche accuse un étonnement craintif, et son visage, dont on n'aperçoit que le profil, va se dérober sous l'épaule, on oserait presque dire sous l'aile, car tout, dans cette jolie figure, rappelle la grâce et la timidité d'une colombe. Jolie est le mot qui convient à la *Vierge* M. Jalabert, et ce mot est à la fois un éloge et une critique. Il est bien, il est très méritoire sans doute d'avoir si délicatement rendu l'innocence et la pureté juvéniles dont le nom seul de Marie implique l'idée, mais il ne fallait pas que, au costume près, cette figure fut de celles que nous rencontrons dans la vie réelle. Le pinceau de M. Jalabert a fidèlement traduit le charme accoutumé de la naïveté et de la jeunesse, il n'a pas réussi à faire pressentir dans la vierge candide la sainte femme de l'Ecriture, la mère future d'un Dieu.

Les divers tableaux dont nous venons d'indiquer la physionomie générale se recommandent par des qualités plus ou moins sérieuses à l'attention, et ne sauraient être confondus sans injustice avec les compositions religieuses quant au sujet, assez peu édifiantes quant au sentiment et au style, qui se rencontrent çà et là dans les galeries de l'exposition. Il semble qu'une *résurrection*, une *assomption* ou un *martyre* soient des sujets qui ne tirent pas à conséquence et que peut aborder quiconque sait grouper tant bien que mal quelques figures, assembler des lignes et ajuster des tons conformément à certaines règles techniques. Il n'est si mince artiste qui ne suffise à cette besogne, et si l'on ne se sent pas toujours capable d'exécuter un portrait ou une bataille, on est toujours de force à peindre Dieu, la Vierge ou quelque saint. De là cette quantité d'œuvres qui, chaque année, vont s'emmagasiner dans les églises, après avoir passé presque inaperçues au salon ; de là aussi, en bonne partie, l'abaissement du goût public et le déclin de la grande peinture en France. Faute d'objets sérieux proposés à notre admiration, nous nous tournons vers des objets qui nous amusent ; à force de rencontrer des noms obscurs ou des talents secondaires là où devraient briller les noms des maîtres et les talents d'un ordre élevé, nous nous accoutumons à croire que ce que l'on appelle la peinture d'histoire n'est plus bon qu'à défrayer les médiocrités, et que l'art véritable consiste désormais dans l'expression de la fantaisie ou l'imitation d'une réalité vulgaire.

Quelques tableaux, appartenant à peu près par la nature des sujets à la classe des tableaux religieux, révèlent cependant des tendances particulières et caractérisent, au salon de 1853, une des innombrables sectes qui divisent notre école : nous voulons parler de ces compositions où les éléments de la peinture d'histoire et les éléments de la peinture de genre entrent dans des proportions égales et soigneusement mesurées, où la transcription scrupuleuse de la réalité s'allie à une certaine recherche de l'idéal. Une pareille méthode a ses dangers : il n'est pas rare de voir les peintres qui l'adoptent tomber, à force d'éclectisme, dans l'indécision et la langueur ; mais il arrive aussi que des œuvres conçues en vertu de ces modestes principes plaisent par leur modération même, et qu'elles reposent le regard fatigué du spectacle de tant d'œuvres ambitieuses ou médiocres. *La Prière à l'Hospice*, que M. Pils a peinte dans les dimensions et le style d'un tableau d'histoire, tout en conservant fidèlement aux détails leur simplicité essentielle, peut être considérée comme un des meilleurs échantillons de cet art à la fois sérieux et familier. Des enfants malades et en costume d'hôpital, agenouillés à coté de deux religieuses hospitalières, telle est la donnée pittoresque, un peu chétive, choisie par M. Pils, mais qu'il a traduite avec goût et distinction. Il semble, qu'un reflet de la lumière sereine et du chaste sentiment de Lesueur éclaire cette humble scène, et le peintre, sans pousser jusqu'à la curiosité minutieuse l'étude des objets inanimés, s'est très habilement conformé aux conditions d'imitation textuelle que comportait un pareil sujet. Celui que M. Bénouville a traité exigeait dans l'agencement et dans l'exécution matérielle un goût un peu plus sévère. Pour nous montrer *Saint François mourant bâtissant la ville d'Assise*, il ne suffisait pas en effet de grouper autour de la figure principale quelques figures naïvement copiées sur la nature, il fallait encore qu'une impression de grandeur résultat de la reproduction précise de la réalité, et que les détails vrais laissassent à l'ensemble de la scène, sa physionomie austère et sa grave signification. C'est ce que M. Bénouville a fort bien compris. Depuis l'expression des têtes jusqu'à l'apparence des draperies, depuis les lignes majestueuses du paysage jusqu'à l'effet des plus simples accessoires, tout révèle dans son tableau une alliance heureuse et discrète du style héroïque et du style littéral. L'attention soigneuse accordée à l'imitation de chaque objet ne diminue pas la part qu'il convenait d'attribuer à l'imagination, et, malgré les dimensions un peu restreintes de la toile, le *Saint François mourant* mérite à plus d'un égard d'être rapproché des œuvres de la grande peinture.

II – PEINTURE RÉALISTE ET SUJETS DE FANTAISIE.

Les tableaux de M. Gallait, *le Tasse et les Derniers moments du comte d'Egmont*, semblent être du genre le plus sérieux, à ne considérer que le caractère des sujets, et d'un mérite peu ordinaire, à ne tenir compte que de l'habileté matérielle, et pourtant ce ne sont au fond ni des tableaux d'histoire, ni des tableaux dignes de fort grands éloges. Ici, la part faite à la transcription des détails dépasse une juste mesure, et dans *le Tasse*, par exemple, l'étroite lumière qui n'éclaire que les mains et le genou d'une figure dont il convenait surtout de nous montrer la tête, l'attitude pour le moins familière de cette figure, la silhouette des barreaux de la fenêtre se dessinant sur le terrain, d'autres accidents pittoresques du même ordre, attestent une vive préoccupation des effets réels, mais ils ne témoignent pas d'un instinct très profond des conditions les plus rares de l'art. M. Gallait, dont on s'obstine bien à tort à comparer le talent au talent de M. Delaroche, n'a ni le sentiment ingénieux, ni L'invention dramatique, ni la distinction du peintre de *Jane Grey* et de *la Mort du duc de Guise*. Il serait plus exact de le comparer à M. Robert Henry, sinon même à M. Jacquand, car l'habileté de l'artiste belge consiste, comme celle des deux artistes français, dans l'extrême fidélité du pinceau et ne dépasse guère les limites de l'imitation littérale, M. Gallait s'entend très bien à rendre l'effet et la saillie d'un morceau, à copier une main ou une tête et surtout une étoffe ou une armure, mais il ne sait pas dominer son modèle et en tirer quelque chose de plus que ce que celui-ci lui donne. Pourquoi alors ne pas mettre ces qualités d'exécution dans leur vrai jour et leur relief, en les appliquant à des sujets qui réclameraient moins impérieusement la sévérité du style ? Un tableau de Mlle Rosa Bonheur, placé assez près du *Tasse*, n'est-il pas la preuve de ce que le talent peut gagner à rester dans ses bornes naturelles et à suivre simplement la route qui lui est tracée ? Il serait fort injuste sans doute de réduire le rôle de M. Gallait à celui d'un peintre de genre, mais il n'est pas hors de propos d'engager un artiste qui pourrait exceller dans un certain ordre de peinture à mieux consulter ses forces, et sous ce rapport l'exemple de Mlle Rosa Bonheur ne serait pas, nous le croyons, pour M. Gallait sans opportunité et sans profit. *Le Marché aux Chevaux de Paris* se recommande d'ailleurs par des qualités assez solides, par un goût de composition et de dessin assez sérieux, pour que, même au point de vue de l'art pur, on étudie le tableau inspiré par un sujet si peu épique, il y a une grandeur véritable dans les lignes du groupe de chevaux placé au centre de la composition, une rare énergie dans l'exécution de chaque partie ; et quand on songe que c'est la main d'une femme qui a si vigoureusement déterminé ces contours et accusé ce modelé, on s'étonne à bon droit et du caractère d'un pareil talent et de la résolution avec laquelle ce talent est mis en œuvre. Le nombre des femmes peintres qui figurent dans l'histoire de l'art français est fort restreint, on le sait, et il en est peu parmi elles qui se soient élevées même au rang des artistes secondaires. Une seule, Mme Vigée-Lebrun, mérite d'être comptée au nombre de nos plus habiles peintres de portrait ; mais, lors même que l'on ferait abstraction de la différence des genres, le moyen de rapprocher cette manière, tout empreinte de délicatesse et de grâce, de la manière hardie de Mlle Rosa Bonheur ? Mlle Rosa Bonheur est la première entre les femmes peintres qui se soit distinguée par une touche complètement virile, et s'il fallait trouver une sorte d'analogue à cet âpre talent, ce serait dans notre école de gravure qu'il conviendrait de le chercher. Le burin de Claudine Stella a presque la même puissance que le pinceau de Mlle Rosa Bonheur, mais le peintre du *Marché aux Chevaux* sait allier la correction à la force, et cette harmonie manque le plus souvent aux œuvres du graveur.

Le tableau de Mlle Rosa Bonheur obtient un grand succès, et il le mérite ; mais suit-il de là que l'art n'ait rien d'autre à nous dire, qu'il consiste seulement dans la reproduction formelle de la réalité ? Doit-on s'autoriser de ce succès pour donner raison à des doctrines manifestement contraires aux doctrines pratiquées par les maîtres de tous les temps et de toutes les écoles ? Certes, c' n'est pas nous qui dirons oui. L'école qui s'intitule réaliste aurait tort d'ailleurs de réclamer *le Marché aux chevaux* comme un ouvrage absolument inspiré par les principes qu'elle professe, et de puiser un surcroît d'audace dans l'exemple de Mlle Rosa Bonheur. Nul doute que ce tableau ne tire de la vérité matérielle une grande partie de sa signification, mais il a aussi l'accent de l'imagination et du goût. Ce n'est pas seulement parce qu'il nous représente avec fidélité quelques arbres rabougris, des hommes en blouse et des chevaux, qu'il y a lieu d'en vanter le mérite ; c'est encore et surtout parce que la fermeté du style ennoblit des détails d'une nature fort peu relevée, et nous intéresse à une scène qui, vulgairement exprimée, nous laisserait indifférents. Or, si L'idéal est de mise même dans un pareil sujet, à plus forte raison est-il nécessaire là où il s'agit d'exprimer les passions et les misères humaines, et de faire prévaloir une pensée ou un sentiment. En aucun cas d'ailleurs, et quel que soit le modèle qu'on se propose, il ne faut se contenter de rendre les attributs et le caractère matériels de ce modèle ; il faut que l'imitation des objets laisse entrevoir l'intention secrète de celui qui les a reproduits et le sens dans lequel ils l'ont particulièrement affecté ; qu'est-ce qu'une œuvre d'art sinon une idée rendue sensible par une image ? Qu'un peintre, par exemple, ait à représenter des ouvriers : doit-il simplement copier des types dégradés par l'excès du travail ? Cela ne serait que laid et pour le moins oiseux au point de vue de l'art. Belle avance si des artistes dressent avec amour le signalement de la laideur physique, et, parce qu'ils l'ont peinte à peu près ressemblante, faut-il nous tenir pour satisfaits ? Qu'ils nous laissent pressentir une âme au lieu de nous montrer une enveloppe, qu'ils nous intéressent à une pensée au lieu de nous produire un fait : à ce prix seulement nous accepterons leurs œuvres et nous leur pardonnerons cette préférence pour les haillons qu'accusent en particulier tant de *terrassiers, tondeurs de moutons, faucheurs, batteurs en grange*, exposés au salon de cette année. Quant à certaines toiles, où la méthode réaliste est appliquée à des scènes d'un autre ordre, nous ne croyons pas, malgré le bruit qui se fait autour d'elles, que ce soit pour nous un devoir de nous y arrêter et de les décrire. Bien qu'il soit possible peut-être, et en y regardant de fort près, d'y reconnaître quelque indice d'habileté matérielle, quelque promesse de talent énergique, elles sont à tous autres égards si peu conformes aux lois essentielles de l'art, que nous ne voulons pas contribuer, même par la juste sévérité de nos critiques, à leur donner une importance qu'en somme elles ne sauraient avoir.

En regard de l'école réaliste, ou plutôt côte à côte avec elle, — car le fond des tendances et le but sont à peu près les mêmes, — *l'école fantaisiste* continue à marcher dans la voie ouverte par M. Diaz et ses premiers imitateurs ; mais, à force de recourir à un genre de séductions bien souvent employées, elle commence à ne plus entraîner personne et en arrive déjà à n'étaler aux yeux de la foule, que des charmes douteux et une coquetterie surannée. Le nombre des sectaires de la fantaisie pittoresque, telle qu'on la comprenait naguère, est aujourd'hui assez restreint, et il faudrait voir dans ce fait un progrès du goût, s'il ne convenait surtout d'y observer l'excès du mouvement matérialiste de l'art. Sauf quelques guirlandes de figures enlacées, comme de coutume, dans une végétation confuse, sauf quelques odalisques et quelques nymphes obstinées, les sujets d'imagination pure qui figurent au salon trahissent une assez vive préoccupation des nouvelles doctrines *naturistes*. Voyez plutôt le tableau que M. Célestin Nanteuil a intitulé *la Vigne*. Au centre de la composition est assise une femme à demi nue, une bacchante si l'on veut, quoique l'extrême pauvreté de ses formes accuse l'étreinte habituelle des vêtements modernes. Elle renverse la tête pour écouter l'Amour, dont deux figures placées au second plan semblent avoir déjà reçu les conseils, tandis que des paysans groupés dans un autre coin du tableau songent simplement à remplir et à vider leurs verres. Était-ce là toute la poésie du sujet, et suffisait-il, pour célébrer les bienfaits du vin, de raconter dans ce style l'action qu'il peut avoir sur les sens ? ne fallait-il pas exprimer à côté de l'influence physique l'influence plus noble exercée sur l'esprit, nous montrer la lyre à côté de l'amphore, la coupe plutôt que le gobelet, et se souvenir de l'ode antique au moins autant que des couplets de la chanson ? L'erreur de M. Nanteuil nous surprend d'autant plus, que ce talent, si incomplet qu'il soit sous le rapport du dessin, ne manque ordinairement ni de distinction ni de grâce. On n'a pas oublié *un Rayon de Soleil* exposé au salon de 1848 : nous en appelons du peintre de *la Vigne* à l'auteur de ce joli tableau.

Une allégorie traitée avec un goût plus délicat et dans un style beaucoup plus sérieux que *la Vigne* de M. Nanteuil est *la Renaissance* peinte par M. Landelle. Ce n'est pas que ce style ait une grande puissance, mais il atteste de studieux efforts et une recherche soigneuse de la correction. Rude tâche d'ailleurs que la tâche acceptée par l'artiste ! Personnifier l'art de Raphaël et de Jean Cousin, celui de Michel-Ange et de Jean Goujon, l'art de Bramante et de Pierre Lescot ; résumer dans l'expression et l'attitude d'une seule figure, les caractères si divers des chefs-d'œuvre créés au XVIe siècle par les maîtres de la peinture, de la statuaire, de l'architecture en Italie et en France ; en un mot, fondre dans l'unité de la composition une foule d'éléments complexes et de nuances, voilà, certes, de quoi inspirer des craintes au talent le plus sûr de lui-même et le plus expérimenté. M. Landelle, qui jusqu'ici n'avait pas abordé des travaux de cet ordre et dont le talent en général a moins de portée que d'élégance, s'est donc trouvé un peu au dépourvu en face de difficultés si graves. Ne pouvant les résoudre de haute lutte, il a pris le parti de les tourner en envisageant surtout le côté pittoresque de l'œuvre. La signification morale de sa *Renaissance* ne dépasse guère celle des figures de pure ornementation, et bien que les noms de quelques grands artistes français s'unissent sous la main qui les inscrit aux noms des maîtres italiens, il serait malaisé de reconnaître un écho de notre art national dans le caractère de cette figure. Elle ne rappelle pas beaucoup plus la vraie renaissance italienne ; elle en reflète seulement la seconde phase, l'époque inférieure de Primatice, et les deux petits génies que M. Landelle a introduits dans sa composition contribuent médiocrement à en déterminer le sens, la grandeur et, jusqu'à un certain point, la justesse des intentions ne sont pas, on le voit, les qualités distinctives du tableau de M. Landelle ; son mérite principal consiste dans l'exécution, et, sous ce rapport, il y a beaucoup à louer dans cette toile. L'ajustement de la figure, sans révéler un goût fort original, témoigne d'un goût fin et d'un pinceau habile. La tête, d'une beauté un peu moderne peut-être, est délicatement modelée, et, n'étaient quelques imperfections de dessin, quelques proportions d'une exactitude douteuse, les bras, la partie découverte du torse et la draperie jetée sur les genoux soutiendraient la comparaison avec les meilleurs morceaux de la peinture contemporaine : nous parlons ici, il faut le répéter, de l'exécution matérielle, et non du sentiment. Le sentiment large des maîtres est, en effet, ce qui manque à M. Landelle talent souple, adroit, séduisant, mais au fond un peu dénué de force et d'ampleur. *La Renaissance*, à ne prendre cette figure que comme une élégante figure de jeune femme, est une œuvre pleine de charme, où tout plaît au regard et caresse l'esprit ; elle réussit moins à le satisfaire quand on se rend compte des hautes conditions du sujet.

Cette recherche à peu près exclusive de l'agrément qu'il est permis de reprocher au tableau de M. Landelle est au reste le défaut aussi bien que la qualité d'une jeune école à laquelle appartiennent entre autres MM. Hamon et Gérôme. Les artistes qui la composent, et dont les œuvres procèdent à la fois des exemples de M. Delaroche et des exemples de M. Gleyre, semblent avoir pris pour but une sorte d'idéal familier. À mesure que le réalisme se généralise, ils s'attachent de plus en plus à la poursuite de la distinction et de la grâce ; à mesure que la forme se dégrade sous le pinceau des Valentins de notre âge, ils travaillent plus obstinément chaque jour à l'épurer à la dégager de tout détail impliquant une idée d'énergie ou d'altération quelconque, et ils enjolivent jusqu'à l'antique pour mettre sa grandeur sévère en rapport avec leur goût un peu précieux. M. Hamon avait exposé au salon dernier un tableau, *la Comédie humaine*, qui laissait entrevoir une idée ingénieuse plutôt qu'il ne formulait clairement une pensée, mais dans lequel on louait à juste titre l'élégance du style et la finesse de l'exécution. Celui qu'il nous donne cette année mérite les mêmes éloges, et il a de plus l'avantage de ne laisser dans l'esprit du spectateur aucun doute sur le sens exprès et la probabilité de la scène. Lors même que M. Hamon ne l'aurait pas intitulée *Ma Sœur n'y est pas*, il ne serait pas possible de se méprendre un instant sur les sentiments qui animent les quatre personnages croupés sur cette toile. L'importance que cherchent à se donner les deux enfants et leurs ruses naïves pour dérober leur sœur aux regards de l'adolescent, l'incrédulité souriante de celui-ci et la coquetterie de la jeune fille complice de ce gentil mensonge, tout est senti et rendu avec vérité et une rare délicatesse. Il n'est pas jusqu'aux humbles objets dont le désordre atteste les jeux récents, les deux bambins qui ne parlent à l'imagination et la séduisent. Certain scarabée retenu par un fil intéresse presque autant qu'une figure, et cet ensemble de joies enfantines et d'amour, de tendresse du cœur et de fantaisies puériles, rappelle pour le fond comme pour la forme quelque chose de la délicieuse idylle ébauchée par André Chénier sous le titre de *Pannychis*. Faut-il ajouter que dans le tableau de M Hamon l'extrême précision des contours dégénère parfois en sécheresse, que le ton général ne s'élève guère au-dessus de la gamme adoptée d'ordinaire par les peintres qui veulent exprimer un rêve, et que ce ton, parfaitement admissible dans un sujet fantastique comme *la Comédie humaine*, ne suffit plus lorsqu'il s'agit de traduire une scène de la vie réelle ? Ces critiques seraient fondées sans doute ; mais les imperfections qu'on signalerait ainsi se lient si étroitement aux qualités de l'artiste, qu'il compromettrait peut-être une bonne part de son talent en essayant de se corriger. Le mieux est donc d'accepter ce talent tel qu'il est, incomplet à certains égards, mais au fond très distingué, et de lui savoir gré surtout de ses tendances ouvertement spiritualistes.

Les inclinations de M. Gérôme ne sont pas sans analogie avec celles de M. Hamon, mais elles sont peut-être d'un ordre moins élevé. Depuis le *Combat de Coqs*, qui commença la réputation du jeune peintre, jusqu'aux tableaux qu'il a exposés cette année, il n'est pas un ouvrage de M. Gérôme, qui accuse rien de plus que le goût de la forme raffinée et l'étude attentive des détails. Nulle part, nous le croyons, on ne reconnaîtrait une pensée inspirée, un instinct tout à fait original. Ce style, tout plein d'archaïsme et surchargé pour ainsi dire de correction, a quelque chose de pénible et de fluet en même temps qui sent l'érudit plus que le poète, et sans contester d'ailleurs le goût et le savoir de M. Gérôme, on peut reprocher à ses œuvres leur froideur intime et en quelque sorte leur perfection. Que l'on examine par exemple. — nous ne dirons pas l'*Idylle*, qui est vraiment trop dépourvue de signification et d'intérêt, — mais la *Frise destinée a être reproduite sur un vase commémoratif* : on ne trouvera à y relever ni des failles ni même les inégalités d'exécutions on n'y trouvera pas non plus des intentions fort neuves, l'empreinte d'un sentiment franc et individuel. Cette longue suite de figures représentant les nations dont les produits industriels ont enrichi l'exposition de Londres est disposée conformément aux règles de l'art le plus pur. Chaque personnage est très correctement dessiné, peint et ajusté, — soit ; mais montrez-moi dans cette multitude de types si convenablement produits un seul geste, une seul tête qui ait l'accent de l'invention ? Vous ne choisiriez pas à coup sûr comme spécimen d'originalité les trois figures allégoriques assises au centre de la composition, et qui ne sont que les nouvelles épreuves d'ouvrages déjà tirés à bien des exemplaires. Là comme ailleurs M. Gérôme prouve qu'il a la mémoire ornée, le goût exercé, la main sinon très sûre, au moins fort scrupuleuse ; il ne prouve pas aussi clairement qu'il joigne de grandes qualités d'imagination à ces qualités acquises. On dirait qu'il n'envisage dans l'art que ses conditions grammaticales, et qu'en consultant incessamment l'antique, il cherche moins à s'inspirer de la poésie d'un texte qu'à retenir les mots d'un dictionnaire.

M. Gendron semble procéder tout autrement, et s'il se rattache, par les habitudes de son talent anti-réaliste s'il en fut, à la même école que M.M. Hamon et Gérôme, il est loin de s'associer à la méthode archaïque de ces deux artistes et de partager leur système d'abnégation. Ajoutons que son pinceau, moins fin que celui de M. Hamon, moins bien informé que le pinceau de M. Gérôme, indique parfois avec quelque négligence la pensée qu'il devrait définir ; mais cette pensée n'est jamais absente. Peu de peintres contemporains, — et même trouverait-on à en citer un seul ? — ont autant que lui le sentiment de la grâce élégiaque et de la poésie fantastique ; bien peu aussi ont au même degré le sentiment juste et délicat du mouvement. Tout empreintes de suavité et de rêverie, les compositions de M. Gendron s'adressent principalement à l'imagination, et l'impression qu'elles produisent ressemble à une sensation musicale plutôt qu'à une satisfaction réfléchie de l'intelligence. La scène d'amour qu'il intitule *Idylle*, la figure de jeune femme voluptueusement endormie dans un nid de végétation, à laquelle il a donné, sans doute parce qu'il lui fallait un nom, le nom de *Titania*, paraîtraient d'un caractère assez peu précis, si on les jugeait avec la raison et si on les prenait l'une et l'autre pour des commentaires des poètes grecs et de Shakespeare. Il est à propos d'y voir, au lieu d'une traduction fidèle, l'expression d'une pensée indépendante, d'un talent influencé avant tout par l'instinct personnel, et, comme dans les autres œuvres de l'artiste, l'allure libre de la fantaisie ; seulement ici la fantaisie est sincère et féconde, tandis qu'ailleurs elle est trop souvent le déguisement prétentieux de l'impuissance.

C'est aussi par l'originalité du sentiment que se distingue, M. Chassériau en dépit des préoccupations que lui causent les exemples de M. Delacroix. M. Chassériau a beau faire, il n'appartient pas à l'école des coloristes. Au surplus, appartient-il à une école quelconque ? Il doit peut-être aux leçons de M. Ingres ce dessin large et ce style dont les plus étranges incorrections ne sauraient anéantir l'ampleur ; mais il doit bien certainement à lui-même la hardiesse des intentions, l'abondance des idées, et les inégalités mêmes de sa manière attestent qu'il se soumet avec une docilité aveugle aux seuls conseils de son imagination. L'imagination ! tel est le principe, tel est aussi le vice de ce talent, l'un des plus remarquables et en même temps l'un des plus incomplets qui se soient révélés depuis quelques années. À ne considérer que les fortes et belles facultés de M. Chassériau, il faut reconnaître en lui l'organisation d'un maître ; mais quand on voit avec quelle intempérance, avec quelle fin dans sa propre infaillibilité il met ces facultés en œuvre, on est forcé de convenir qu'il manque à un artiste si richement doué le sentiment de la proportion et de la mesure, c'est démesurément aussi qu'il est en général critiqué ou loué, et ses ouvrages n'ont guère réussi jusqu'à ce jour qu'à passionner l'opinion en sens contraires. Pour nous qui tenons en haute estime les qualités de M. Chassériau, nous ne voulons ni fermer les yeux sur ses défauts, ni les signaler pour le simple plaisir de paraître clairvoyant. Si nous l'engageons à lutter contre les entraînements auxquels il obéit d'ordinaire, c'est que son dernier tableau laisse voir un effort et un progrès : le moment est bon pour se montrer sévère, et une critique en pareil cas peut avoir le caractère d'un encouragement.

Le sujet traité cette année par M. Chassériau est un sujet antique ; mais, contrairement à la coutume de beaucoup de peintres contemporains qui, faute d'autre muse, n'invoquent que l'archéologie, le peintre du *Tepidarium* semble avoir attaché une médiocre importance aux particularités de costume et aux vérités de détail. Il est assez aisé de transporter sur la toile des statues copiées dans les musées, des accessoires tirés de la collection des vases d'Hamilton ; en revanche, il est difficile de donner à des figures grecques ou romaines le mouvement et la vie, de leur conserver la grandeur, la beauté nécessaires, tout en y ajoutant une physionomie détendue pour ainsi dire ; rien de plus difficile, en un mot, que de faire acte du peintre là où nous sommes habitués à ne voir que l'œuvre froide du sculpteur. Les scènes antiques d'ailleurs, si indispensable que soit l'élévation du style, n'exigent pas toutes, pour être bien rendues, la même sévérité et les mêmes formes. M. Chassériau, qui se proposait simplement de nous montrer des femmes de Pompéi réunies après le bain, aurait donc eu grand tort de convoquer l'Olympe dans ce chauffoir et de grouper, sur la foi de la statuaire, des Vénus et des Junons quand il s'agissait de représenter des créatures humaines ; il aurait commis une erreur non moins grave, s'il s'était contenté d'imiter la réalité lorsqu'il fallait à tout prix l'ennoblir. C'est entre ces deux écueils que l'artiste a louvoyé avec des efforts d'attention qui ne semblent pas lui être familiers, mais qui doivent à coup sûr tourner au profil de son talent. Depuis que ce talent agressif en quelque sorte a essayé de se faire plus humble, ne voit-on pas mieux déjà ce qu'il vaut ? Le sentiment grandiose du geste et de la tournure est la qualité qui domine dans le *Tepldarium* comme, dans les œuvres précédentes de M. Chassériau ; mais ici cette qualité devient plus évidente par cela même qu'elle est plus sobrement exploitée. Le majesté des têtes est moins souvent déparée par les négligences affectées de la touche ; le modelé n'est plus indiqué avec cette hardiesse brutale du pinceau qui parodiait la sûreté magistrale, et, — condition difficile à remplir en un pareil sujet, — les formes et les attitudes de toutes ces femmes à demi nues n'ont qu'une grâce sérieuse et un charme de bon aloi. Comparez ce tableau à celui qu'ont inspiré, à M. Winterhalter quelques vers, bien discrets pourtant, d'un aimable poète contemporain ; rapprochez les figures du *Tepidarium* des figures de *Florinde* et de ses compagnes, — et vous apprécierez aisément la distance qui sépare l'élégance de la gentillesse, la grâce sans voile de la coquetterie en jupon court, et les charmes sévères du gynécée des mignonnes séductions du boudoir. Pourquoi faut-il que M. Chassériau n'ait pas accompli sa tâche jusqu'au bout, et que tous les détails de la composition ne soient pas traités dans le goût qui caractérise l'ensemble ? Pendant qu'il était en voie de réforme, pourquoi n'a-t-il pas renoncé, par exemple, à son dédain accoutumé de la perspective, à ces violences de coloris dont il semble s'être fait une habitude, et qui rompent l'harmonie générale sans renforcer la gamme des tons ? Plus d'un personnage placé au fond a des proportions presque égales à celles des figures placées au second plan, et l'éclat exagéré de certaines couleurs introduit une sorte de turbulence dans un effet qu'il fallait surtout laisser calme. Ces imperfections et quelques autres prouvent que l'artiste ne sait pas encore se modérer et se contenir parfaitement, elles compromettent une fois de plus le succès qu'il allait peut-être définitivement conquérir ; mais les qualités qui les rachètent doivent rallier dès à présent au talent de M. Chassériau des partisans nombreux. Le *Tepidarium* n'est pas un des tableaux les plus complets du salon : ne peut-on dire, toutefois qu'il mérite d'être remarqué l'un des premiers, parce qu'il en est peu qui dénotent autant de sève, de vraie force et de franchise dans le sentiment ?

Nous ne voulons pas quitter le champ de l'invention sans signaler encore les cartons de M. Chenavard, quoiqu'ils aient perdu beaucoup à être isolés de la série à laquelle ils appartiennent : — *le Simoun*, de M. Maréchal ; — *l'Orgie*, par M. Eugène Lami, élégante aquarelle où l'on appréciera, outre l'esprit et la finesse qui distinguent ordinairement ce talent, une fermeté de coloris toute nouvelle ; — les petits tableaux de M. Meissonier, bien qu'ils doivent ajouter assez peu à la réputation du peintre, et que l'exiguïté des proportions semble dégénérer chez lui en manie de l'imperceptible ; — enfin un très beau dessin de M. Rida, *le Convoi de Recrues en Égypte*. Il est impossible de voir sans émotion ce groupe de jeunes gens qui cheminent les mains liées sous les derniers regards de leurs familles, et qui détournent la tête pour donner ou pour recevoir un dernier baiser. La sombre résignation des hommes, la désolation des femmes, l'indifférence ou l'ébahissement des enfants, tout est senti et rendu avec une justesse qui fait le plus grand honneur au talent de M. Bida. Une pareille composition ne reproduit pas seulement une scène de mœurs caractéristique, un épisode de la vie en Orient envisagée, comme elle l'est d'ordinaire, au point de vue exclusivement pittoresque : elle a une signification plus haute et tout humaine ; elle est une œuvre d'art dans l'acception la plus spiritualiste du mot, et nous ne croyons pas que, sous le rapport du sentiment, de l'expression, de la vérité intime, beaucoup de toiles exposées au salon puissent être comparées sans désavantage à cet humble dessin.

III – PEINTURE DE PORTRAIT ET DE PAYSAGE.

La peinture de portrait, qui fut pendant si longtemps une des gloires de l'école française, et même, à certains moments, sa gloire principale, n'a plus dans l'art contemporain qu'une importance médiocre et un rôle accessoire. Ce n'est pas, tant s'en faut, que le nombre des portraits soit aujourd'hui moins considérable que de coutume ; mais les peintres éminents semblent dédaigner un genre qui tenta cependant les pinceaux de leurs plus illustres devanciers, ou s'ils consentent de temps à autre à quitter les sujets d'histoire pour s'attacher à l'imitation de la physionomie humaine, ils apportent dans l'exécution de leur tâche je ne sais quelles arrière-pensées de grandeur assez peu en harmonie avec la simplicité des vêtements modernes, et presque toujours avec le caractère et les habitudes des personnages qu'il s'agit de représenter. Quant aux portraitistes de profession, le plus souvent ils tombent dans l'excès contraire. Qu'ils aient à peindre un souverain ou le syndic d'une compagnie, une princesse ou une simple bourgeoise, ils se contenteront de copier fidèlement la forme des traits, les détails d'ajustement et les réalités de toute sorte, sans essayer de préciser, par la différence du style, la différence hiérarchique ou morale qui existe entre leurs modèles. Le *Portrait en pied de l'Empereur*, par M. Lépaulle, révèle-t-il d'autres préoccupations que la recherche de la ressemblance matérielle et l'étude des broderies, des décorations, de tous les détails du costume ? Sans le secours du livret et l'ornementation du cadre, distinguerait-on tout d'abord le *Portrait de l'Impératrice*, par M. Dubufe, des agréables portraits de femmes qu'il a coutume de nous montrer ? M. Vidal a su du moins donner à son *Portrait de l'Impératrice* un charme d'expression et une grâce plus dignes du modèle ; pas plus que M. Lépaulle cependant, pas plus que M. Dubufe, il ne semble s'être rendu compte des conditions sérieuses de sa tâche, et l'on peut dire que, comme le portrait de l'empereur, le portrait historique de l'impératrice est encore à faire. Deux portraits de femmes, par MM. Bénouville et Cabanel, sont des morceaux de peinture fort distingués, et que l'on peut mettre, ainsi que le *Portrait de M. Guizot*, par M. Mottez, au premier rang des ouvrages en ce genre exposés au salon. Toutefois l'œuvre de M. Mottez, à force de prétendre à la gravité et à l'élévation du style, n'est pas exempte de quelque froideur. Rien de plus légitime, rien de plus nécessaire même, que de chercher à rendre, par le calme de la pose, la sévérité des lignes et la sobriété de la couleur, la figure de M. Guizot, et certes les gentillesses d'exécution ou l'exactitude matérielle eussent été ici plus insuffisantes que partout ailleurs ; mais, sans altérer la physionomie de son modèle, M. Mottez pouvait mettre plus d'animation dans le regard, plus de souplesse dans le corps et dans les muscles de la face. Nous aurions souhaité, en un mot, qu'il laissât circuler la vie là où il n'a fait qu'exprimer noblement l'impassibilité.

S'il est difficile de trouver parmi les portraits envoyés au salon quelques toiles dignes d'éloges, en revanche les paysages qui mériteraient d'être cités se rencontrent à chaque pas. La peinture de paysage a fait, on le sait, de grands progrès depuis un quart de siècle, et dans le cours des dernières années surtout, elle a été traitée en France avec une éclatante supériorité ; mais à aucune époque les talents n'ont été moins rares qu'aujourd'hui, jamais les œuvres n'ont présenté un caractère aussi uniformément remarquable, jamais elles n'ont plus clairement attesté la communauté des tendances et la simultanéité des efforts. Envisagée comme ensemble de doctrines homogènes, l'école actuelle de paysage est, à vrai dire, toute l'école française, puisqu'il n'y a plus, dans les autres parties de l'art, que tentatives isolées, contradiction et anarchie. Faut-il pourtant se féliciter bien haut du développement qu'a pris dans notre pays, non pas l'art de Poussin et de Claude Lorrain, mais l'art de Van den Velde et de Wynants, et ne doit-on pas reconnaître encore dans ces progrès du paysage les progrès du système réaliste ? Là aussi, la réalité, qui devait servir de texte, est devenue l'objet d'une imitation littérale ; on a fait du moyen le but, et au lieu d'exprimer un sentiment à propos d'une nature choisie, on a seulement rendu, par d'habiles procédés de palette, les caractères matériels de tel site qui s'offrait aux regards. Tout sera-t-il dit parce qu'on aura reproduit avec justesse l'effet d'un rayon de soleil sur un marais ou sur quelque huttes, et n'eût-il pas mieux valu faire tomber ce rayon sur des objets plus dignes de sa lumière ? Sans renouer la tradition des paysagistes de l'empire, qui auraient cru déshonorer leur art s'ils n'avaient construit, en quelque lieu que ce fût, des temples et des pyramides, ne saurait-on trouver d'autres modèles que les hameaux de la Sologne ou de la Basse-Bretagne ? L'art du paysage, tel qu'il est maintenant comprise, pratiqué en France, est avant tout un art de portrait, l'expression du fait plutôt que la traduction d'une impression poétique, et, tout en rendant pleine justice au mérite de ces portraits si parfaitement ressemblants, il est permis de dire qu'ils n'intéressent guère que nos yeux.

Les paysagistes contemporains n'obéissent pas tous cependant avec la même docilité au mouvement qui entraîne l'école. Plusieurs d'entre eux heureusement n'ont pas renoncé à poursuivre l'idéal, et *les Sources de l'Alphée*, de M. Edouard Bertin, le *Saint Sébastien*, de M. Corot, le *Coucher de soleil*, de M. Cabat, prouvent que, même au salon de cette année, les envahissements de l'art matérialiste ne s'accomplissent pas sans résistance et sans lutte sérieuse. *Les Sources de l'Alphée* surtout, composition pleine de grandeur et traitée dans un style sévère, sont en désaccord formel avec le goût et la méthode des sectaires du réalisme. D'autres artistes, tels que M. Aligny et M. Desgoffe refusent plus ouvertement encore toute concession aux doctrines régnantes, toute complicité avec les enthousiastes de la couleur. Par un parti pris violent et en quelque sorte philosophique, ils ne cherchent que la majesté du dessin, quitte à rencontrer souvent la convention ; ils s'opiniâtrent dans leur amour exclusif pour la forme, sans s'apercevoir qu'à force d'épurer et d'ennoblir la structure d'un arbre, ou les lignes d'un rocher, ils donnent aux œuvres de la nature l'aspect aride des figures géométriques. L'*Oreste en Tauride*, de M. Desgoffe, le *Souvenir des Environs de Corinthe*, de M. Aligny, sont loin d'être des ouvrages sans valeur ; mais l'estime qui leur est due a quelque analogie avec la sympathie assez froide qu'inspirent certains morceaux de musique savante : ces tableaux manquent de mélodie, pour ainsi dire, et le mérite dont ils sont empreints semble procéder beaucoup moins des révélations de l'art que des efforts de, la volonté et des calculs un peu pénibles de la science.

Le talent de M. Français n'a pas, il s'en faut de beaucoup, cette allure compassée et cette physionomie austère. Par ses tendances franchement réalistes, il appartient à la nouvelle école ; par la finesse du goût et le choix délicat des effets, il se distingue de la masse des talents voués au culte de l'imitation textuelle. M. Français se préoccupe peut-être assez peu du style, et le style de ses ouvrages est cependant d'une rare élégance. Ce qui chez d'autres artistes accuse un système témoigne chez lui d'une habitude naïve, d'une tournure d'esprit naturelle, et nulle part la grâce ne paraît moins apprise que dans ses agréables tableaux. *La Fin de l'Hiver, le Ravin de Nepi, l'Effet d'Automne* ont, comme toutes les productions de ce pinceau, un caractère de simplicité sans niaiserie, de vérité sans affectation, qui leur assigne le premier rang dans la classe des paysages familiers et qui les isole, d'autre part, des paysages inspirés par l'étude de la nature vulgaire.

À l'exception des artistes que nous venons de citer et de quelques autres, parmi lesquels il ne faudrait oublier ni MM. Paul Flandrin et Bellel, ni MM. Lanoue et Paul Huet, ni M. Eugène Flandin, qui cette, année encore a interprété avec talent la nature et l'architecture orientales, les paysagistes de l'école actuelle se proposent tous pour but unique la reproduction de la réalité. Sans doute il existe bien des différences de détail entre la manière de M. Troyon et celle de M. Rousseau, entre le coloris de M. Dupré et le coloris de M. Coignard, mais les tableaux de ces artistes et de leurs disciples attestent au fond la dévotion aux mêmes principes et la même ardeur révolutionnaire. Je me trompe : la révolution est désormais bien accomplie, et le temps est loin où elle effrayait encore quelques esprits. Les réformateurs n'ont plus besoin de se faire accepter ; ils règnent, non sans s'exagérer peut-être l'étendue des services rendus, sans s'abuser quelque peu sur l'importance de leur rôle ; et le public, habitué de longue main déjà à les croire sur parole, n'essaie même plus de se demander si le beau ne saurait être ailleurs que dans la négation de l'idéal. Il admire la *Vallée de la Touque*, de M. Troyon, — et il a raison d'admirer ce tableau en tant que portrait énergiquement tracé ; — mais il ne songe pas à remarquer qu'un pareil site et les animaux qui le peuplent ne rappellent en somme que des réalités d'un ordre bien secondaire, que la poésie n'a guère affaire en tout cela, et qu'il n'était pas besoin, pour peindre avec succès une prairie et quelques bêtes à cornes, de choisir une toile au moins aussi grande que les toiles où Poussin nous montre la *Mort d'Eurydice* ou les *Funérailles de Phocion*. — *Le Chêne de Henri IV*, au pied duquel M. Coignard a groupé *le troupeau de CHAILLY*,

— les *Menons en tête d'un troupeau de la Camargue*, peints par M. Loubon, n'exigeaient pas non plus les vastes dimensions que les deux paysagistes ont cru devoir donner à leurs ouvrages, et quel que soit d'ailleurs le talent dont ils ont fait preuve, on peut reprocher à MM. Loubon et Coignard d'avoir méconnu, à l'exemple de M. Troyon, une des lois de l'art et du goût.

M. Rousseau n'est pas tombé dans la même erreur. Le tableau qu'il a exposé, et qui représente un *Marais dans les Landes*, est d'une dimension conforme au caractère du sujet : hâtons-nous d'ajouter que c'est là le moindre mérite de cette toile, et que la finesse de l'effet, la vérité et la force, du coloris, la précision du dessin, — qualité rare dans les tableaux de M. Rousseau, — lui assurent tous les genres de supériorité sur les autres paysages de l'école réaliste. Pendant quinze ans à peu près, on a beaucoup plus parlé du talent de M. Rousseau que de ses œuvres mêmes. Assez peu de gens connaissaient celles-ci, mais on savait qu'elles étaient invariablement exclues des expositions annuelles, et il n'en fallait pas davantage pour que chacun criât au scandale et que l'on acceptât de confiance comme des iniquités commises envers un maître ce qui pouvait n'être qu'un conseil maladroitement donné à un talent encore incomplet. La presse avait-elle à signaler à l'administration et au respect publics les chefs de l'école contemporaine : le nom de M. Rousseau figurait même à côté de celui de M. Ingres, et tel écrivain que les ouvrages du paysagiste enthousiasmaient peut-être médiocrement ne mettait souvent ce nom en si haut lieu que pour l'élever au niveau de ses rancunes personnelles. Survint, il y a quatre ans, une réforme radicale dans la constitution du jury de peinture, et les tableaux de M. Rousseau purent enfin se produire aux regards de la foule. Il faut avouer qu'ils déconcertèrent quelque peu l'opinion. On s'étonna, sans trop oser le dire, de cette manière brusque et vague en même temps ; chacun fit mine d'admirer cette confusion de tons simulant très imparfaitement les tons riches et variés de la nature, ces formes tourmentées ou anéanties sous la multiplicité des touches ; chacun au fond se consola de n'avoir pas vu plus tôt ces œuvres si bruyamment vantées, et M. Rousseau, tout en restant en possession de sa réputation, perdit beaucoup auprès de bien des gens à ne plus être avant tout une victime de l'injustice. Son talent, il est vrai, a considérablement grandi depuis lors. Il y avait loin déjà des paysages exposés l'année dernière aux paysages qui figuraient aux salons précédents ; le *Marais dans les Landes* atteste un progrès plus significatif encore. L'exécution, autrefois embarrassée et pesante, a pris ici de la souplesse et de la légèreté ; la manie des tons de détail et ce qu'on pourrait appeler le pédantisme de la clairvoyance ont fait place à un sentiment plus sobre de la couleur. Enfin, au lieu de ces contours informes où quelques-uns prétendaient reconnaître le rayonnement qui unit les corps visibles à l'atmosphère, on ne voit plus que des silhouettes délicatement baignées d'air et de lumière. Il serait difficile de trouver quelque chose à reprendre dans le tableau de M. Rousseau, et cet ordre de peinture une fois admis, on ne peut que louer l'extrême vérité de l'ensemble et des détails. Peut-on rendre plus exactement les vapeurs qui s'exhalent, sous l'action du soleil, d'une terre humide, et se condensent en nuages d'un ton uniformément plombé ? La lueur pâle et voilée qui laisse seulement entrevoir l'horizon, la dégradation infinie des plans qui se succèdent depuis la base du tableau jusqu'aux montagnes servant de fond, tout concourt à donner au *Marais dans les Landes* l'aspect même de la nature. Ce n'est encore que de la peinture réaliste sans doute, mais cette peinture est excellente, et comme elle n'est, à proprement parler, qu'une étude, il serait injuste de lui reprocher l'absence des qualités nécessaires aux œuvres d'imagination. On peut en dire autant d'un petit paysage de M. Haussoullier, *le Mont Saint-Jean aux environs d'Honfleur*. Si, au lieu de représenter simplement une habitation entourée d'un jardin le long duquel s'étend une allée de pommiers, le tableau de M. Haussoullier prétendait nous montrer quelque scène grandiose de la nature, à coup sûr ce tableau devrait être exécuté tout autrement ; il s'agissait seulement ici de préciser jusqu'aux moindres accessoires, de laisser à chaque objet son caractère familier, et de tirer toutes ses ressources de la justesse du coup d'œil et de la fidélité de la main. Ces modestes conditions, M. Haussoullier les a remplies avec une exactitude parfaite. : *le Mont Saint-Jean* semble l'œuvre d'un daguerréotype intelligent, et il figurerait sans désavantage à côté des tableaux les plus lins et les plus achevés de Delaberge.

Il est impossible, nous le répétons, de mentionner dans un examen du salon tous les paysages diversement recommandables envoyés par les nombreux disciples de MM. Troyon et Rousseau. Bornons-nous à constater que dans cette multitude de vues, d'études, de paysages de tout genre, il en est bien peu qui ne révèlent plus de talent qu'il n'en fallait au commencement du siècle, pour arriver à la célébrité. Quelle pauvre mine feraient aujourd'hui les toiles de Demarne, de Dumouy et des peintres de même force qu'admiraient nos pères, à côté des tableaux de MM. Achard, Daubigny, Jules Noël et vingt antres paysagistes qui n'ont réussi à obtenir qu'une réputation indivise, parce que les progrès généraux de l'école se résument, à peu près également dans leurs ouvrages !

IV – SCULPTURE, GRAVURE ET ARCHITECTURE.

Les conditions de la statuaire sont devenues, on le sait de reste, à peu près inconciliables avec les éléments de notre civilisation actuelle et nos habitudes. La peinture, si immuable que soit au fond sa signification, peut au moins se modifier dans la forme, descendre au niveau de nos besoins ou de nos goûts, essayer, à défaut de l'autorité du beau, les séductions de la grâce, du joli, de l'esprit ; elle peut en un mot se rapetisser sans s'anéantir, et vivre même dans un milieu social où le caractère des idées n'est rien moins qu'héroïque. La statuaire n'a pas les mêmes ressources et ne saurait se prêter aux mêmes transformations : en dehors du beau, elle n'existe pas. Or, qu'est-ce que le vêtement moderne, et la nature des modèles que nos sculpteurs ont devant les yeux, sinon la négation même de ce principe de l'art ? Et d'un autre côté suffit-il, pour que cet art conserve parmi nous une importance sérieuse, de le traiter à l'état de souvenir mythologique, de reproduire invariablement des types empruntés à la statuaire antique, et de se conformer en tous points à des traditions qui ne peuvent plus avoir pour nous qu'un sens poétique suranné et un intérêt de convention ? Les artistes capables de modeler honnêtement un Apollon, un faune ou toute autre académie de ce genre, sont nombreux dans notre école ; en revanche, les hommes d'imagination y sont fort rares, et les statuaires contemporains même les plus renommés ne s'élèvent guère au-dessus de la classe des habiles praticiens.

M. Cavalier mérite toutefois d'être excepté du jugement qu'il est permis de porter sur l'ensemble de l'école. Tout en procédant des exemples de l'antiquité, le talent de M. Cavelier garde une physionomie personnelle et sincère, et sans révéler encore une rare puissance d'invention, il exprime du moins un sentiment particulier et un instinct profond de la grandeur. On se souvient de l'éclatant succès qui accueillit au salon de 1849, la *Pénélope* du jeune artiste : la figure qu'il a exposée cette année n'obtiendra probablement ni les mêmes applaudissements ni la même unanimité d'éloges, parce que le sujet manque ici de nouveauté et ne comporte pas cette grâce, un peu familière qui séduisait dans l'autre statue ; mais elle se recommande par des qualités d'exécution au moins égales et par une élévation de style plus remarquable encore. Sauf la tête, dont les traits un peu trop romains donnent quelque caractère positif à un être avant tout idéal, les diverses parties de cette figure de *la Vérité* sont traitées avec un goût excellent. On ne retrouve dans la statue de M. Cavelier ni une froide copie de l'antique, ni l'imitation servile du modèle vivant ; les formes sont vraies sans être trop réelles, belles et nobles sans affectation de purisme, et le jet de toute la figure a beaucoup de force et d'ampleur. Debout, et le bras droit armé de son miroir, *la Vérité* s'avance vers le spectateur comme impatiente de se manifester. De son bras gauche ployé en arrière, elle soutient les voiles qu'elle vient de rejeter, et qui, en glissant le long des contours du corps, affermissent les lignes générales et en complètent l'harmonie. Cette draperie est à elle seule un morceau de maître. D'autres artistes peut-être eussent pu l'exécuter avec la même délicatesse de ciseau ; en citerait-on beaucoup qui l'eussent si largement ajustée sans lui ôter de sa souplesse ? La statue de *la Vérité* place M. Cavelier aux premiers rangs parmi les sculpteurs de notre époque, et, pour ne parler que de ceux qui ont exposé leurs ouvrages au salon, il n'en est pas dont le talent autorise d'aussi sérieuses espérances.

Si la noblesse du goût et la forte manière de M. Cavelier ne se rencontrent pas dans les différents morceaux de sculpture qui remplissent les galeries de l'exposition, quelques-uns cependant ne sont dépourvus ni d'élégance ni de charme. *L'Abandon*, par M. Jouffroy, est une œuvre consciencieusement étudiée à laquelle il n'a manqué peut-être, pour devenir tout à fait belle, qu'un peu plus de grandeur dans le style. La *Bacchia* de M. Barre, l'*Enfant jouant avec une Tortue* par M. Hébert, les *Groupes* de MM. Jean Debay et Lequesne, un très bon *Buste de Dalayrac* par M. Jaley et deux bustes de femmes par M. Diébolt méritent à des degrés divers d'être remarqués ; mais en général on ne voit que des études plus ou moins habilement exécutées là où l'on s'attendrait à trouver des compositions. Parfois même, — et les bustes sculptés par MM. Leveel et Clesinger en font foi, — la sculpture s'inspire des exemples de Coysevox, et cherche à se passer du calme et de l'harmonie linéaires, indispensables pourtant à toute œuvre du ciseau. Un seul ouvrage réellement distingué, *le Printemps*, par M. Loison, ressort au milieu de tant de travaux d'un ordre ou d'un mérite secondaires, et s'il n'est pas empreint, comme le marbre de M. Cavelier, de force et de maestria, il respire plus qu'aucun autre la grâce, la finesse et la pureté du style. *Le Printemps* tel que l'a personnifié M. Loison est une jeune fille ajustée comme la plupart des figures antiques de Psyché ou de Vénus, c'est-à-dire ayant le torse nu et le bas du corps couvert d'une draperie qui vient se nouer à la hauteur des hanches ; la main gauche soutient cette draperie et des fleurs sur lesquelles s'est posé un papillon que la main droite va saisir. L'invention de la figure n'est, on le voit, ni très neuve ni très significative, et cette statue représenterait à la rigueur l'Innocence ou la Candeur tout aussi bien que le Printemps ; mais à la prendre seulement comme un gracieux type de jeune fille, on ne peut que louer la suavité des lignes, la délicatesse du modelé et ce caractère de beauté adolescente que chaque forme exprime. La tête, un peu baissée et dans un mouvement souple qui laisse voir toute l'élégance du col, rappelle la tête charmante de la *Psyché* de Naples, sans que l'analogie, accuse un parti pris d'imitation. Les épaules, les bras, la poitrine, sont exécutés avec une exquise sobriété de ciseau ; nulle trace de négligence, nulle ostentation d'habileté. *Le Printemps* nous montre clairement tout ce qu'il y a de distinction et de grâce dans le talent de M. Loison. Puisse ce talent rester dans ses limites naturelles et ne pas chercher, à l'exemple de tant d'autres, la majesté et le style sévère, au risque de tomber dans la convention académique ! Quant à l'influence réaliste, nous croyons qu'il serait le dernier à la subir.

M. Ottin, au contraire, accepte un des premiers cette influence, et il ne craint pas de mettre un talent, jusqu'ici mieux inspiré, au service de doctrines que la statuaire répudie plus hautement encore que la peinture. Un groupe qu'il a intitulé délibérément *le Coup de Hanche*, comme pour mieux préciser le vrai sens et la portée de l'œuvre, représente deux athlètes aux prises, non pas tels qu'on se figure les lutteurs de la Grèce ou de Rome, mais tels que peuvent être des hommes de notre temps et de notre pays débarrassés de leurs vêtements. Quel intérêt, même au point de vue de la plastique, peut exciter un pareil spectacle ? Il faudrait au moins que ces formes fussent belles et que rien n'accusât en elles l'altération. M. Ottin, en modelant son groupe de lutteurs, a fait preuve d'habileté matérielle et d'une certaine verve d'exécution, mais à quoi bon dépenser ainsi des qualités sérieuses dans une entreprise au moins inutile ? Quelques personnes accueilleront peut-être comme un progrès cette nouvelle usurpation du réalisme ; quiconque voudra se rendre compte des conditions de la statuaire ne pourra voir qu'une erreur dans la tentative de M. Ottin.

Depuis que M. Barye a introduit dans notre école un élément nouveau, ou plutôt un ordre d'art renouvelé des monuments de l'art antique, le nombre des sculpteurs d'animaux n'a cessé d'augmenter d'année en année. Aujourd'hui ce nombre est presque égal à celui des artistes voués à l'étude, de la figure humaine, et de même que l'on compte plus de talents parmi les paysagistes que parmi les peintres d'histoire, on compterait aussi plus de gens qui excellent à modeler des chevreuils, des chats ou des perdrix, que d'artistes capables de bien exécuter un buste ou une statue. L'exposition ouverte aux Menus-Plaisirs est riche, trop riche même, en quadrupèdes et en sujets de chasse, puisque, — depuis *le Cheval à Montfaucon* de M. Frémiet, étude vigoureuse d'ailleurs et largement traitée, jusqu'à *l'Hallali* de M. Rouillard, — on ne trouve pas moins de trente sculptures ou groupes d'animaux, sans parler d'une quantité raisonnable de tableaux inspirés par la contemplation des mêmes modèles. La plupart de ces morceaux ont, il faut l'avouer, de la vérité et de la finesse ; mais ce qui a pu tenter quelques talents doit-il devenir l'objet des études de tous ? Et notre école, au lieu de se souvenir surtout de Jean Goujon et de Puget, finira-t-elle par ne plus reconnaître d'autre chef que M. Barye ? On peut le craindre en voyant les développements excessifs d'un genre au fond si secondaire. Dans la statuaire, comme ailleurs, le succès n'appartient plus guère qu'aux œuvres dépourvues d'idéal.

Au milieu de cet abaissement général de l'art contemporain, les graveurs en taille-douce se maintiennent avec une louable persévérance dans la voie qu'ont tracée les maîtres, et, par le choix des modèles comme par le caractère sérieux du travail, leurs ouvrages protestent ouvertement contre nos entraînements et nos erreurs. Plusieurs pièces récemment publiées, et que l'on retrouve au salon, prouvent que, malgré la défaveur attachée maintenant aux œuvres du burin, l'école française de gravure est en tous points digne de son passé. Nous ne reviendrons pas sur l'examen de ces diverses planches dont nous avons ici même essayé d'analyser le mérite ; mais il n'est pas permis de passer sous silence quelques ouvrages distingués qui apparaissent pour la première fois, de ne pas mentionner au moins le *Sommeil de Jésus*, d'après Raphaël, par M. Martinet, le *Portrait de l'Impératrice* finement gravé par M. Pollet d'après M. Vidal, l'*Heureuse Mère*, par M. Jules François, d'après M. Delaroche, quoique les chairs et certaines draperies aient dans cette planche une apparence un peu métallique ; *Faust et Marguerite*, par M. Blanchard, d'après M. Scheffer, malgré la pâleur du ton et la précision un peu sèche du dessin ; enfin *la Fuite m Égypte*, par M. Grébert d'après M. Watelet, planche de paysage traitée en général avec conscience et, dans quelques parties, avec une véritable habileté. Il serait bien moins permis encore de ne pas rendre hautement hommage au rare talent que M. Henriquel-Dupont a déployé dans son dernier ouvrage. Le beau travail de M. Henriquel-Dupont, d'après *l'Hémicycle du palais des Beaux-Arts*, peint par M. Delaroche, est le plus important d'un œuvre déjà si considérable et si bien rempli : on y retrouve toutes les qualités qui depuis longtemps ont placé l'artiste au premier rang des graveurs contemporains ; on y remarque aussi l'empreinte de qualités nouvelles. À côté de la grâce et de la souplesse familières à ce savant burin, une puissante résolution dans le faire signale un progrès inespéré et comme une seconde manière. On savait de reste que la planche de M. Henriquel-Dnpont serait un modèle de correction, de goût et de délicatesse : avait-on le droit de s'attendre à tant de fermeté et d'ampleur ? Les modifications mêmes apportées par le graveur dans l'effet de la peinture originale témoignent de cette franchise de sentiment. Veut-on un exemple ? Le parti de demi-teinte adopté pour les marches derrière la figure qui lance les couronnes, le ton clair de cette figure sont précisément en sens inverse de l'effet indiqué par le pinceau ; mais de pareilles infidélités n'ont rien que d'heureux et de louable, et M. Delaroche les aura sans doute approuvées le premier, parce qu'elles tournent au profit de l'aspect large et de la simplicité de l'ensemble.

Bien que les estampes admises au salon n'excitent pas en général un intérêt fort vif, et que les tableaux ou les sculptures attirent à peu près seuls les regards de la foule, on peut dire cependant que la gravure, a sa part d'importance dans les expositions annuelles. Quiconque voudra examiner les diverses planches d'histoire, de portrait ou de genre envoyées par les graveurs au burin, à l'eau forte ou à l'aqua-tinte, pourra se former une idée exacte de l'état de la gravure dans notre pays : quelle idée incomplète n'aurait-on pas au contraire de l'état de l'architecture en France, si on en jugeait par les rares travaux exposés ! On croirait, à vrai dire, que ce bel art n'existe plus, ou que les hommes qui le pratiquent encore n'ont rien de mieux à faire qu'à enregistrer soigneusement les témoignages du passé, à recueillir les débris de toutes les époques, les reliques de tous les styles. La passion des recherches archéologiques et la science, des restaurations semblent seules donner quelque vie à notre école d'architecture ; mais de style qui lui soit propre, elle n'en a pas ; d'efforts pour déduire un type architectural de nos idées et de nos mœurs elle n'en tente guère : tout se borne à quelques projets conçus dans des formes inconciliables avec les besoins de notre civilisation, à quelques essais d'imitation de l'art grec, de l'art du moyen âge, de la renaissance franco-italienne, et à des études d'après les édifices en ruines. — Voilà ce, que pourrait penser tout homme qui ne connaîtrait d'autres spécimens du talent de nos architectes que les dessins exposés, et cependant rien ne serait plus faux qu'une opinion basée seulement sur de telles preuves. La plupart des architectes qui envoient leurs travaux au salon sont ou des débutants ou des érudits ; les artistes plus éminents refusent de concourir avec eux, ci pour ne parler que du salon de cette année, on n'y voit figurer ni le nom d'un seul membre de l'Institut, ni les noms de MM. Labrouste, Duban, Duc, Visconti et autres architectes dont les talents honorent à divers degrés notre école.

Ainsi, dans presque toutes les branches de l'art, nous avons eu à constater l'abstention des artistes dont les ouvrages pourraient donner aux expositions l'éclat qui leur manque, au public les leçons dont il a besoin. Ce dédain des maîtres en tous genres pour un mode de publicité qu'ils devraient au contraire être les premiers à accepter est un fait qui ressort malheureusement de l'examen du salon de 1853 ; le caractère en général matérialiste de l'art contemporain est un fait plus malheureux encore, et qui ne se produit pas avec moins d'évidence. Les seuls talents qui essaient de lutter contre l'esprit d'erreur ne sont ni autorisés par de très longs succès, ni tout à fait en mesure de conquérir une influence, tandis que les innombrables paysages de la nouvelle école et les sculptures d'animaux deviennent en réalité l'honneur principal de la peinture et de la statuaire. Ici les mêmes tendances se manifestent, les mêmes intentions se trahissent, les mêmes efforts s'accomplissent pour faire triompher dans l'art français des principes qui sont un outrage à son génie même, à sa vieille gloire comme à sa gloire d'hier. Là, il n'y a d'autre résistance que quelques entreprises individuelles, des efforts tentés sans ensemble, et ceux mêmes qui n'ont abjuré ni le respect du passé, ni leur foi dans les vraies conditions de l'art, semblent plus occupés de guerroyer entre eux que de combattre l'ennemi commun. Jamais, dira t-on, une plus grande somme d'habileté n'a été dépensée en œuvres de toute espèce, jamais d'ailleurs les artistes n'ont été plus magnifiquement protégés par l'état : est-il donc, à propos de crier à la décadence et de se plaindre ? Oui, c'est le moment d'accuser cette habileté, parce qu'elle n'atteste qu'un triste rapetissement de l'idée de l'art et de l'art lui-même ; c'est maintenant surtout qu'il convient de rappeler que toute école est menacée de ruine lorsque l'office du talent se réduit à l'imitation des caractères extérieurs de la nature, que toute œuvre est défectueuse ou inutile lorsque, en désespoir d'invention, elle ne fait qu'exprimer le réel. Quant aux nombreuses faveurs accordées aux artistes, elles ont leurs avantages sans doute, mais elles ont aussi leurs dangers. Que peut-il arriver en effet ? C'est que ces faveurs si facilement dispensées ne réussissent le plus souvent qu'à encourager la médiocrité, et que tout homme maniant bien ou mal une brosse ou un ciseau en vienne à se regarder comme le créancier naturel de l'état. Or l'état ne saurait être tenu de fournir du travail à quiconque s'intitule peintre ou statuaire ; sa mission est seulement de rechercher et de récompenser les plus dignes : il ne suscitera pas des maîtres en multipliant ses largesses. Dépend-il au reste de qui que ce soit d'anticiper sur l'avenir et de hâter à son gré l'éclosion des talents ? On ne peut qu'être prêt à applaudira ceux qui se produisent, à réprouver en tout temps les mauvais ouvrages et les mauvaises doctrines, à rassurer enfin les vrais artistes en leur rappelant que les erreurs du goût public sont passagères, tandis que l'art et les principes de l'art sont permanents.

ISBN : 978-1985354876

www.ingramcontent.com/pod-product-compliance
Lightning Source LLC
Chambersburg PA
CBHW070953220526
45471CB00007B/3009